Impressum

Text: Katrin Hecker
Fotos: Frank Hecker
Coverfoto: Goodshoot, Frank Hecker (3)

Redaktion: Ulrike Berger
Layout: Anja Schmidt
Repro: Meyle & Müller, Pforzheim
Druck und Bindung: Offizin Andersen Nexö Leipzig GmbH

ISBN 978-3-8411-0053-5
Art.-Nr. VB110053

Matschebild
und
Weidenhütte

kinderbuch

Inhalt

Ab in die Natur

Die Natur ist ein wundervoller Aben-
teuerspielplatz! Zu jeder Jahreszeit
hält sie neue Überraschungen für
uns und unsere Kinder bereit.
Ob Matschebilder aus farbiger Erde,
ein Wigwam aus Weidenästen oder
beim Bäumefühlspiel im Wald:
Nirgendwo sonst finden Kinder einen
auch nur annähernd so großen
Schatz an Materialien zum Werkeln,
Entdecken und Begreifen ihrer
Umwelt.

Nebenbei und spielerisch werden
beim Fühlen, Flechten, Sammeln und
Schnuppern spielerisch alle Sinne
und die Feinmotorik geschult.
Und wer einen Weihnachtsbaum für
Tiere schmückt, der kann Wildtiere
sogar hautnah vor der eigenen
Haustür erleben!

Viel Freude bei diesem Abenteuer
wünschen Ihnen

Wir bauen Wohnungen für Wildbienen

Für ein Wildbienen-Hotel ist überall Platz, egal ob im Kindergarten, auf dem Balkon oder im Schulgarten.

◀ Beim Akku-
bohrer helfen
natürlich die
Großen mit.

◀ Wer möchte,
kann die Holz-
scheibe bunt
anmalen.

Jedes Loch ist eine Wohnung. Dort
▼ kann eine Wildbiene einziehen.

IHR BRAUCHT

- eine getrocknete Baumscheibe
- einen Akkubohrer
- einen Pinsel und Farben

Was hängt denn da am Haus? In den Kästen wachsen Wildbienen heran! Die Tiere finden nicht mehr genug Nistplätze und brauchen Hilfe.

Baumscheibe mit Löchern

Mit einem Akkubohrer bohrt ihr Löcher in eine getrockenete Baumscheibe. Lasst euch dabei von einem Erwachsenen helfen! Die Löcher sollten einen Durchmesser von zwei bis 10 Millimeter haben und ungefähr fünf Zentimeter tief sein. Achtet darauf, dass ihr die Scheibe nicht durchbohrt! Hängt die Scheibe unter einem Vordach auf, damit sie vor Regen geschützt ist.

Häuser aus Lehm

In einen Blumentopf oder in eine Holzkiste stampft ihr feuchten Lehm. Dann pikst ihr mit Stöckchen unterschiedlich große Löcher hinein. Lasst den Lehm trocknen.

Wenn der Lehm trocken ist, könnt ihr das fertige Häuschen an einem regengeschützten Platz aufstellen.

IHR BRAUCHT

- einen Eimer voll mit feuchtem Lehm oder Ton
- große Blumentöpfe oder Holzkisten
- große Holzstücke zum Stampfen
- kleine Stöckchen

▲ Wenn der Lehm ganz fest gestampft ist, könnt ihr mit kleinen Stöckchen Löcher als Wohnungen hineinpiksen.

Stängel-Wohnungen

Schneidet die Stängel in ungefähr 60 Zentimeter lange Stäbe.
Dann bindet ihr sie mit Draht
oder Schnur zusammen. Ihr
könnt sie auch einfach in eine
Röhre schieben!

In diesen Stängel
ist schon eine Biene
▼ eingezgen!

Mit einer starken Schere könnt ihr
die Stängel klein schneiden. ▶

DU BRAUCHST

- hohle Stängel,
  z.B. Schilf, Bambus
- markhaltige Stängel
  z.B. Holunder, Brombeere
- eine starke Schere
- Röhren (aus dem Baumarkt)
- Schnur oder Blumendraht

▲ Am einfachsten geht es, wenn ihr
die Stängel in eine Röhre schiebt.

Wir kneten Frühlingsboten

Sobald nach dem Winter die ersten Sonnenstrahlen herauskommen, wachen auch die Blumen auf. Ihr könnt euch diese Frühlingsboten ins Haus holen. Und weil das Blumenbeet aus Knete ist, wird es nie verblühen!

WISSEN

Das Schneeglöckchen-Geheimnis

Wenn ihr vorsichtig ein Schneeglöckchen ausgrabt, entdeckt ihr eine kleine Zwiebel am Ende des Stängels. Dort speichert die Blume über den Winter alle Nährstoffe für den Frühling!

IHR BRAUCHT

- einen Untersetzer aus Ton
- etwas Moos
- Knete in verschiedenen Farben

◀ Schneeglöckchen sind die allerers-
ten Frühlingsboten. Sie stecken ihre
Blüten sogar aus dem Schnee heraus!

Zwiebel und Stängel

Die meisten Frühblüher haben
eine Zwiebel. Zum Kneten der
Zwiebel braucht ihr ein walnuss-
großes Stückchen brauner Knete.

Für den Stängel rollt ihr etwas
grüne Knete zwischen den Hand-
flächen zu einer Schlange.

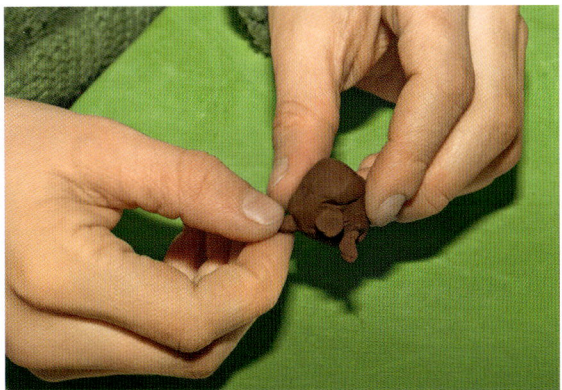

▲ Knetet die braune Knete ordentlich weich
und formt sie zu einer Zwiebel.

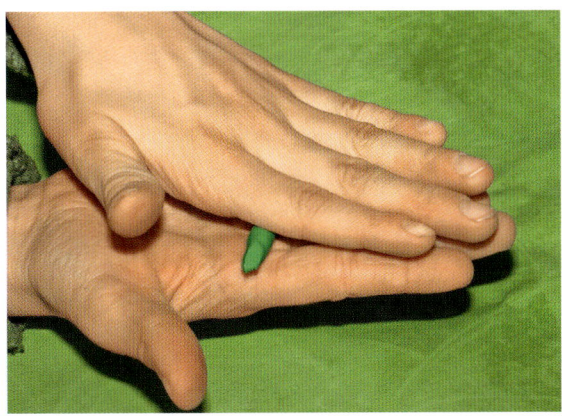

▲ Achtet darauf, den Stängel nicht zu dünn
zu rollen. Sonst kippt eure Blume um, wenn
die Blüte hinzukommt!

▲ Einzelteile für ein Schneeglöcken: Zwiebel, Stängel und Blütenkelch

Blätter und Blüten

Wie sehen die Blätter eurer Blüte aus? Lang und schmal oder breit und herzförmig?
Zum Schluss formt ihr die Blüte. Manche Blumen tragen eine Glocke, andere haben Blätter.

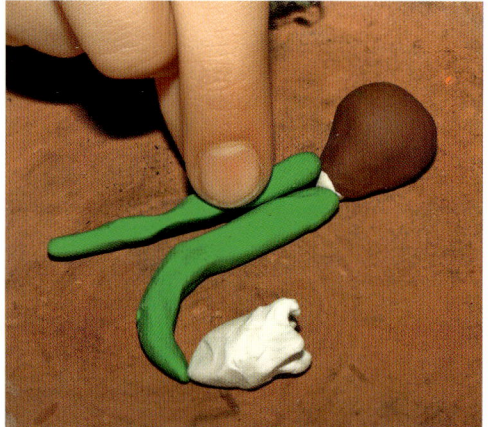

▲ Jetzt kommt noch das Blatt dran. Wichtig: Die Einzelteile gut aneinanderkneten, damit alles hält.

▲ Ein Schneeglöckchen aus Knete, das nie verblüht!

Ein bunter Blumenteller

Ihr könnt viele verschiedene Frühlingsblüten kneten. Welche Farben gefallen euch am besten? Setzt die Blumen auf den Ton-teller und legt das Moos darum. Sieht das nicht schön aus?

▲ Knetet einzelne Blüten-blätter. Daraus könnt ihr eine Blüte zusammensetzen.

Die Blüten könnt ihr in allen
▼ möglichen Farben kneten!

▲ Fertig ist der Teller, voll mit bunten Frühlingsboten!

Wir malen ein Matschebild

Mit Erde könnt ihr
bunte Bilder malen!

Hättet ihr gedacht, dass ihr mit Erde malen könnt? Erde muss nicht immer braun sein! Je nach Beschaffenheit des Bodens findet ihr Erde in ganz unterschiedlichen Farben.

Welche Farbe hat Erde? Das kann ganz ▼ verschieden sein!

So wird Erde zu Farbe

Ihr braucht mehrere kleine Gefäße. Füllt pro Erdprobe ein leeres Marmeladenglas etwa zur Hälfte mit Erde und gießt vorsichtig etwas Wasser dazu. Rührt mit einem Stock um, bis ein dicker Erdbrei entsteht. Nehmt ein großes Glas mit Deckel und rührt den Tapetenkleister an. Dazu vermischt ihr 20 Gramm Kleister mit einem halben Liter Wasser und rührt kräftig um. Lasst den Kleister etwa 15 Minuten lang quellen.

IHR BRAUCHT

- Erde in verschiedenen Farben
- Wasser
- Tapetenkleister
- Karton, Holz oder Stoff zum Bemalen
- Gläser mit Schraubdeckel
- dicke Borstenpinsel
- Stöcke zum Umrühren
- alte Lappen

Vermischt die Erde mit dem Kleister.

Letzte Vorbereitungen

Wenn der Kleister gequollen ist, rührt ihr ihn nochmals kräftig um. Gebt dann fünf Esslöffel vom Tapetenkleister in den Erdbrei. Ein letztes Mal umrühren, fertig ist die Farbe!

Jetzt müsst ihr euch noch einen Untergrund suchen, den ihr bemalen wollt. Stoff ist schwierig zu bemalen, weil er so leicht verrutscht. Und Papier weicht schnell durch. Gut geeignet zum Bemalen sind Karton und Holz.

▲ Ganz wichtig: immer fest umrühren!

▲ Baut euch
selbst Pinsel
aus Federn
oder Wolle!

Die fertigen Kunst- ▶
werke müssen gut
durchtrocknen.

Welche Farbe hat Erde?

Lehm ist meist ockergelb,
Kompost und Moorboden sind
schwarz, normale Gartenerde ist
braun, Sand vom Strand und aus
der Sandkiste weißlich. Im Hoch-
gebirge gibt es sogar richtig rote
Erde!
Bei uns findet ihr rote Erde als
Belag auf Tennisplätzen. Aber
Achtung: An Tennisplätzen müsst
ihr unbedingt vorher fragen, ob
ihr etwas von dem Sand nehmen
dürft!

▲ Die großen Pappkartons lassen sich
am besten bemalen, wenn ihr sie auf
den Boden legt.

◄ Erde sieht überall anders aus. Ihr könnt sie in Tüten sammeln und mitnehmen.

TIPP

Kleine Erd-Experten

Nehmt bei euren Spaziergängen von nun an immer eine Tüte zum Erdesammeln mit. Schaut einfach genau hin. Dann werdet ihr auf den Streifzügen durch die Natur bald zu echten „Erd-Experten".

◄ Am meisten Spaß macht das Malen mit großen dicken Pinseln.

Wir flechten mit dem Wunderbaum

Die Zweige der Weide sind sehr biegsam. Schon früher haben die Menschen damit Körbe geflochten. Flechten mit Weide, das geht ganz einfach!

Weidenzweige schneiden

Schneidet etwa zwei Meter lange, junge Weidenzweige vom Baum. Fragt aber vorher unbedingt den Besitzer! Er erlaubt es euch sicher gern, denn Weidenzweige wachsen rasch wieder nach: Am abgeschnittenen Baum wachsen schon im nächsten Jahr neue Triebe!

▲ Kleine Zweige könnt ihr mit einer kräftigen Schere abschneiden.

▲ Die Weidenzweige sind gar nicht so leicht zu transportieren.

◀ Weidenruten schneidet ihr am besten im Winter zwischen November und Februar.

WISSEN

Der Baum mit den Kätzchen

Die Zweige der Weide sind im Frühjahr mit Tausenden samtweicher „Kätzchen" besetzt.
Diese Kätzchen sind noch nicht die Blüten, sondern nur ihr wärmender Pelz. Erst wenn die Märzsonne wärmer strahlt, entfalten sich daraus die leuchtend gelben Weidenblüten.

Ein Osternest aus Weiden

Ungefähr einen Zentimeter vom Rand der Baumscheibe entfernt malt ihr einen Punkt für jedes Loch, das ihr bohren wollt. Zwischen den Löchern sollten drei Zentimeter Platz sein. Wie groß die Löcher sein müssen, hängt davon ab, wie dick die Zweige sind, die ihr anschließend hineinsteckt.

IHR BRAUCHT

- eine Baumscheibe (Durchmesser etwa 15 cm)
- einen Akkubohrer
- biegsame Weidenzweige
- Moos und Gänseblümchen zum Verzieren

▲ Bittet einen Erwachsenen, euch beim Bohren zu helfen. Wichtig: Es muss eine ungerade Anzahl Löcher sein!

In jedes Loch steckt ihr einen kurzen Ast. Er muss fest sitzen, denn wenn er trocknet, schrumpft er und darf dann ▼ trotzdem nicht herausrutschen!

Ist ein Zweig zu Ende, ▶ kommt der nächste dran. So lange, bis der Rand hoch genug ist!

Nun beginnt das Flechten

Nehmt einen biegsamen Zweig und flechtet ihn vor und hinter die kurzen Äste, immer abwechselnd. Jetzt noch schmücken und bunte Eier hinein: Fertig!

◀ Das fertige Nest polstert ihr mit Moos aus.

Schmückt das Nest mit Gänseblümchen, Federn oder was euch sonst noch ▼ einfällt. Und dann versteckt ihr es!

Wir bauen Weidenhütten

Im Frühjahr ist die beste Zeit,
eine Weidenhütte zu bauen.
Im Laufe der Jahre kann daraus
ein richtiges Versteck werden!
Denn die Weide hat eine unbändige Lebenskraft: Jedes abgebrochene Zweiglein kann eigene
Wurzeln bilden und es wachsen
neue Blätter daran.

IHR BRAUCHT

- eine Gartenschere
- Weidenzweige
- Spaten

Zuerst grabt ihr mit dem Spaten
einen kleinen Graben. Er sollte
mindestens so tief sein wie eure
Hand. Je trockener der Boden
ist, umso tiefer müsst ihr graben.
Steckt die Zweige im Abstand
von etwa einer Fußlänge in den
Graben und schaufelt Erde um
jeden Zweig. Die anderen Zweige
flechtet ihr um die „Stangen".

▲ Steckt ihr einen
Weidenzweig in
feuchte Erde,
bilden sich daran
Wurzeln!

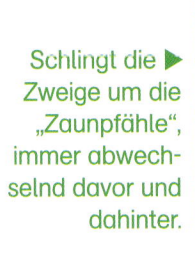

Die Zweige müsst ihr gleich gießen,
damit sie Wurzeln bekommen. ▼

Schlingt die ▶
Zweige um die
„Zaunpfähle",
immer abwechselnd davor und
dahinter.

▲ Sorgt dafür, dass die Erde immer gut feucht ist, damit die Weidenzweige anwachsen.

Nach einem Jahr tragen die Zweige ▶ bereits Blätter. Und ein paar Jahre später habt ihr ein Weidenversteck!

Wir entdecken den Baum

Ein Spaziergang durch den Wald ist nie langweilig. Es gibt immer etwas Neues zu entdecken. Vor allem im Herbst: Da ist der Wald voll mit buntem Laub.

Wer ist der Dickste?
Bildet einen Kreis um einen großen Baum. Fasst euch dabei an den Händen.
Wie dick ist der Baum? Findet ihr einen noch dickeren Baum?

▲ Wer findet den dicksten Baum im Wald?

▲ Mit einem Seil oder Wollfaden grenzt ihr ein Spielfeld im Wald ab.

IHR BRAUCHT

- ein Wollknäuel oder Seil
- ein Tuch oder eine Mütze
- mehrere Mitspieler

Baumfühlspiel

Grenzt mit Wollfaden ein Spielfeld im Wald ab. Verbindet einem Mitspieler die Augen und führt ihn in dem Spielfeld zu irgendeinem Baum. Den darf er ausgiebig befühlen. Wer schafft es ohne Augenbinde, seinen Baum wiederzufinden?

▲ Wie fühlt sich der Baum an? Ist die Rinde rau oder glatt?

◀ Führt den Mitspieler anschließend zurück zum Spielfeldrand. Erst dort nehmt ihr die Augenbinde ab!

Wir rubbeln Rindenbilder

Legt ein weißes Papier auf die Rinde eines Baums und rubbelt mit einem Wachsmalstift kräftig auf dem Papier. Am besten geht das mit der breiten Seite des Stifts.

So bekommt ihr einen genauen Abdruck der Baumrinde!

▲ Wenn ihr von einem Wachsmalstift das Papier abmacht, könnt ihr besser rubbeln.

IHR BRAUCHT

- weißes Zeichenpapier
- Wachsmalstifte

◀ Das ist der Abdruck einer Eichenrinde.

Blätterbilder rubbeln

Genauso könnt ihr auch die zum Baum passenden Blätter durch- rubbeln. Legt das Blatt mit den Blattadern nach oben auf eine feste Unterlage. Das Zeichenpapier breitet ihr darüber. Und jetzt einfach wieder rubbeln!

▲ So sehen die Blätter der Eiche aus. Wenn ihr von einem Baum sowohl Rinde als auch Blätter rubbbelt, könnt ihr euch ein eigenes Baumbuch anlegen!

◀ Jeder Baum hat eine andere Rinde. Manche sind rau und rissig, andere glatt und weich.

- Farbkasten
- Blätter von Bäumen oder Sträuchern
- weißes Zeichenpapier
- eine kleine Walze

Mit Blättern drucken

Sucht euch ein schönes Blatt aus. Dann bemalt ihr eine Seite mit Farbe. Ihr müsst nicht das ganze Blatt bemalen!
Druckt das Blatt mit der bemalten Fläche auf ein Zeichenpapier. Mit der Walze könnt ihr noch mal darüberrollen. Blatt abziehen und fertig!

◀ Wenn ihr das bemalte Blatt mit einer kleinen Holzwalze bearbeitet, wird der Abdruck noch besser.

▲ Am Schluss vorsichtig abziehen.

▲ Fertig sind wunderschöne Blätterbilder.

Umrisse malen

Ihr könnt auch ein Blatt auf das Papier legen und kräftig über den Rand hinaus malen. Wenn ihr das Blatt entfernt, bleibt sein Umriss zurück.

Die Umrisse der Blätter sind bei jedem Baum einzigartig. Durch das Umriss-malen könnt ihr das genau erkennen! ▶

▲ Die fertigen Blätterbilder könnt ihr auch als Briefpapier benutzen!

Wir sammeln Fußspuren

Wenn Tiere über den weichen Waldboden laufen, bleiben Fußspuren zurück. Jedes Tier hinterlässt andere Spuren. Diese Spuren könnt ihr sammeln!

IHR BRAUCHT

- Elektriker-Gipspulver (aus dem Baumarkt; dieser Gips härtet besonders schnell)
- eine Flasche Wasser
- einen großen Joghurtbecher
- einen Messbecher
- einen Stock zum Umrühren
- einen Pappstreifen, 30 cm lang und 3 cm breit
- eine Büroklammer
- einen Pinsel

Durch die Büroklammern könnt ihr den Ring in der Größe verändern.

Die Form

Biegt den Pappstreifen zu einem Ring und steckt die Enden mit der Büroklammer fest. Diesen Pappring legt ihr um eine Tierspur herum und drückt ihn etwas in die Erde.

Vorbereiten des Gipses

Füllt etwa 150 Milliliter Wasser in den Joghurtbecher und schüttet dann 200 Gramm Gips hinein. Nun müsst ihr gut umrühren, bis keine Klümpchen mehr drin sind. Jetzt muss alles ganz schnell gehen, denn der Gips härtet schon aus!

Elektriker- ▶ Gipspulver härtet schneller aus als normales Gipspulver.

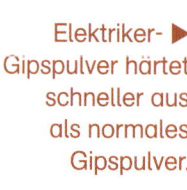

▲ Die Gipsmasse gießt ihr in den Pappring.

▲ Mit dem Messbecher könnt ihr alles genau abmessen. Erst gießt ihr das Wasser hinein, dann schüttet ihr vorsichtig den Gips dazu. Und immer gut umrühren!

▲ Mit dem Finger könnt ihr testen: Ist der Gips schon hart geworden?

Das Gießen der Form

Nun gießt ihr die Gipsmasse in den Pappring hinein. Wartet ungefähr 15 Minuten, bis der Gips ausgehärtet ist. Diese Zeit könnt ihr nutzen, um weitere Spuren zu finden.

Wenn der Gips sich ganz hart anfühlt, dürft ihr ihn hochheben. Erde und Laub, die daran kleben, könnt ihr mit einem Messer und dem Pinsel vorsichtig entfernen oder mit etwas Wasser abspülen. Jetzt schaut in Ruhe: Wie ist der Abdruck geworden?

Hebt die Gipsform vorsichtig hoch.

Wenn der ▶ Gips hart ist, könnt ihr den Pappstreifen entfernen.

▲ Mit einem Messer lassen sich grobe Verschmutzungen entfernen. Aber seid vorsichtig, damit ihr euch nicht schneidet!

Wo sind Spuren?
Besonders gute Abdrücke findet ihr im weichen Wald-boden oder am Ufer von Bächen oder Seen. Auch im Winter könnt ihr Abdrücke sammeln, wenn die Spuren im Schnee gefroren sind.

▲ Wenn ihr die groben Verschmutzungen entfernt habt, kommt der Pinsel zum Einsatz. Damit könnt ihr Erdreste wegbürsten und die Gipsspur ganz sauber machen.

Fußspuren bestimmen

Die meisten unserer Waldbewoh-
ner hinterlassen Spuren. Kennt
ihr die verschiedenen Abdrücke?
Wenn ihr die Spuren in Gips
gegossen habt, könnt ihr zu Hause
nachschauen. War es ein Reh?
Oder ein Hase?

▲ Wildschweinspuren findet ihr vor allem
in lehmigen Böden und bei Wasserstellen.
Denn Wildschweine suhlen sich dort gerne.

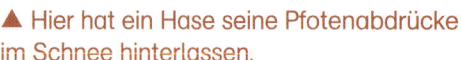

▲ Hier hat ein Hase seine Pfotenabdrücke
im Schnee hinterlassen.

3

7

▲ Der Dachs tapst gemütlich auf seinen Sohlen und „nagelt" dabei vorne die Zehen in den Boden.

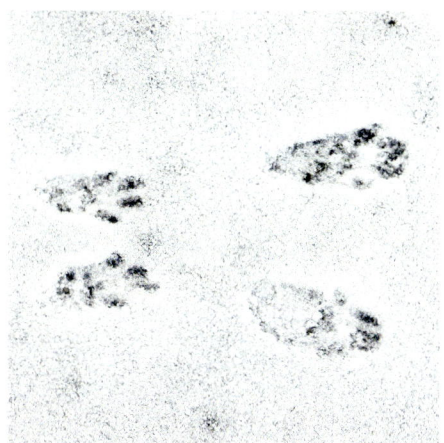

▲ Hier ist ein Eichhörnchen gehoppelt. Findest du auch seine Fraßspuren, einen abgenagten Fichtenzapfen?

▲ Rehe laufen auf den Zehenspitzen. Die Spuren von Rothirschen sehen ähnlich aus, sind aber größer.

Ein Weihnachtsbaum für Tiere

Wenn der erste Schnee fällt, finden Vögel und Mäuse nur noch wenig Nahrung. Jetzt freuen sie sich, wenn ihr ihnen Futter bereitstellt. Wie wäre es mit einem Weihnachtsbaum für die Tiere?

An diesem Weihnachtsbaum brennen keine Kerzen. Der ganze Schmuck ist ▼ zum Fressen für die Wildtiere da!

Zieht Erdnüsse auf einen Draht. ▶
Dazu müsst ihr nur mit einem Nagel
ein Loch durch die Nüsse piksen.

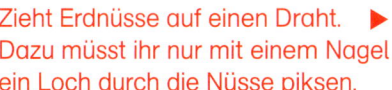

▲ Mäuse finden getrockneten Mais-
kolben superlecker. Dafür klettern sie
gerne den Baum hinauf!

Eine Futterglocke für Klettermaxen

Meisen turnen gern im Geäst herum. Dort suchen sie sich auch ihr Futter. Ihr könnt den munteren Kletterkünstlern einen eigenen Futterplatz herstellen.

IHR BRAUCHT

- Rindertalg (vom Metzger)
- Weizenkleie, Hanfsamen, Sonnenblumenkerne, gehackte Nüsse
- einen Esslöffel Salatöl
- eine halbe Kokosnuss
- einen kleinen Ast
- Schnur

Erwärmt den Rindertalg in einem Kochtopf. Er darf nicht kochen! Rührt dann die Samen, Kleie, Kerne und Nüsse hinein. Fügt das Salatöl hinzu. Das Salatöl verhindert, dass die Masse bei starkem Frost zu hart wird.

Füllt die Mischung in die Nuss. Bevor die Masse fest wird, steckt ihr den Ast hinein. Befestigt die Schnur mit einer Schraube an der Kokosnuss.

▲ Die fertige Masse füllt ihr in die Nuss.

▲ Steckt zum Schluss einen Ast hinein. Den brauchen die Vögel zum Anfliegen.

TIPP

Statt einer Kokusnuss könnt ihr auch einen Blumentopf nehmen.

▲ Meisen lieben solche Futterplätze. Die kleinen Blaumeisen hängen sogar kopfüber daran! Denn sie sind die geschicktesten Kletterer.

Weihnachtskekse für Vögel

Besonders schön sieht euer Weihnachtsbaum aus, wenn ihr spezielle Weihnachtskekse für die Vögel darin aufhängt.

Dazu erwärmt ihr Fett bei kleiner Hitze in einem großen Kochtopf. Ist es weich, könnt ihr die Körner-Früchte-Mischung und das Öl dazugeben und alles noch mal kurz aufkochen.

Die Masse ist so weit, wenn das Fett halb durchgehärtet ist. Füllt sie in die Baumscheiben oder Keksförmchen. Vergesst nicht, vorher immer eine Schnur an die Ringe zu binden!

IHR BRAUCHT

- 1 kg Körnermischung
- Früchte (im Herbst gesammelte, getrocknete oder eingefrorene Früchte)
- 1 kg festes Kokosfett
- 3 Esslöffel Speiseöl
- hohle Baumscheiben oder Keksformen
- Schnur

Vögel mögen verschiedene Früchte und Nüsse. Es gibt fertige Mischungen zu kaufen. Ihr könnt auch eine eigene ▼ Mischung aus getrockneten Beeren und Nüssen machen.

Die leckeren Weihnachtskekse sind ein ganz besonderer Schmuck an eurem Baum.

▲ Wartet, bis das Fett halb durchgehärtet ist. So könnt ihr es am besten einfüllen. Denn dann lässt sich die Masse noch gut formen, aber sie ist nicht mehr flüssig.

Ein Festmahl am Baum

Der Baum ist geschmückt: Nun könnt ihr im Haus vom Fenster aus die kleinen Besucher beobachten. Fliegt einer wieder weg, macht das nichts: Gleich kommt ein neuer Gast!

Auch Vögel streiten sich um gutes Futter. Verteile daher die Leckereien unter dem Baum und auch in den Zweigen. Dann ▼ bekommt jeder Vogel etwas ab.

◄ Bindet mehrere Hirseähren zu einem kleinen Strauß zusammen. Diese Hirse bekommt ihr im Zoogeschäft. Spatzen sind verrückt nach Hirse!

Amseln mögen gerne Obst. Legt ganze Äpfel aus, die Vögel picken sich ihre ▼ Brocken selbst heraus.

Streut Haselnüsse unter den Baum. Vielleicht schauen Eichhörnchen oder ▼ andere Nussliebhaber vorbei?

▲ Guckt mal, da ist ein Buntspecht am Futterring! Meist sind es jedoch Meisen, die hier knabbern.

▲ In ein leeres Zitronennetz könnt ihr Haselnüsse einfüllen. Blaumeisen und Kohlmeisen klettern gerne daran herum.